BEI GRIN MACHT SICH IHR
WISSEN BEZAHLT

- Wir veröffentlichen Ihre Hausarbeit,
  Bachelor- und Masterarbeit

- Ihr eigenes eBook und Buch -
  weltweit in allen wichtigen Shops

- Verdienen Sie an jedem Verkauf

Jetzt bei www.GRIN.com hochladen
und kostenlos publizieren

Michelle Bernotti

Die digitale Signatur. Das Äquivalent zur eigenhändigen Unterschrift

GRIN Verlag

Bibliografische Information der Deutschen Nationalbibliothek:

Die Deutsche Bibliothek verzeichnet diese Publikation in der Deutschen National-
bibliografie; detaillierte bibliografische Daten sind im Internet über http://dnb.d-
nb.de/ abrufbar.

Impressum:

Copyright © 2014 GRIN Verlag GmbH
Druck und Bindung: Books on Demand GmbH, Norderstedt Germany
ISBN: 978-3-656-76210-2

Dieses Buch bei GRIN:

http://www.grin.com/de/e-book/279572/die-digitale-signatur-das-aequivalent-zur-
eigenhaendigen-unterschrift

Ostfalia Hochschule für angewandte Wissenschaften

Fakultät Informatik
Einführung in wissenschaftliche Projektarbeit

Exposition

Die digitale Signatur

Das Äquivalent zur eigenhändigen Unterschrift

Michelle Bernotti

Studiengang Medieninformatik

29.06.2014

Inhaltsverzeichnis

1 Einleitung

Als ich vor einigen Jahren das erste Mal meine Steuererklärung gemacht habe, benutzte ich dafür noch Formulare, die ich im örtlichen Bürgerbüro bekam. Sorgfältig ausgefüllt und eigenhändig unterschrieben habe ich diese dann in einem verschlossenen Umschlag an mein zuständiges Finanzamt geschickt. Das hat viel Zeit gekostet, bedingte eine leserliche Handschrift und natürlich eine Briefmarke. Der Finanzbeamte musste all meine Daten dann anschließend in seinen Rechner eintippen. Heute habe ich meine Steuererklärung für das letzte Jahr abgegeben. Ich brauchte kein Papier, keinen Umschlag, keinen Stift und keine Briefmarke. Meine Erklärung ist außerdem nach wenigen Minuten beim Finanzamt eingetroffen. Es funktioniert alles digital – auch die Unterschrift. Im früheren Fall, man würde ihn heutzutage wohlmöglich schon als altmodisch bezeichnen, bestätigte ich mit meiner eigenhändigen Unterschrift, dass die Erklärung korrekt und vollständig ist und von mir selbst angefertigt wurde. Die Post stellte sicher, dass kein Dritter meine Sendung öffnet und so meine Steuererklärung lesen oder abändern konnte. Im heutigen Fall musste all das auf informationstechnische Weise umgesetzt werden.

Nicht nur meine Steuererklärung sondern viele weitere Dokumente erfordern aus rechtlichen oder organisatorischen Gründen eine Unterschrift. Diese Dokumente in elektronischer Form erstellen, versenden, speichern und verarbeiten zu können, spart Kosten ein und beschleunigt Arbeitsabläufe. Die digitale Signatur ermöglicht uns diesen Fortschritt, indem sie an die Stelle der eigenhändigen Unterschrift tritt. Das Signaturgesetz[1] definiert die verschiedenen Kategorien für elektronische Signaturen und legt weitere Rahmenbedingungen fest, wie zum Beispiel Vorgaben zur „technischen und organisatorischen Anforderungen an Zertifizierungsstellen sowie an die Sicherheit der technischen Komponenten" (Bertsch 2002, 23).

Diese Arbeit bezieht sich auf das grundlegende kryptographische Verfahren mit dem die qualifizierte elektronische Signatur, als Äquivalent zur eigenhändigen Unterschrift umgesetzt wird. Auf die Rechtslage wird deshalb nur im nötigen Rahmen eingegangen. Es werden keine mathematischen Grundlagen und Algorithmen thematisiert. Es soll lediglich ein Einstieg in das Thema „Digitale Signatur" ermöglicht werden. Sofern das Interesse über diese Inhalte hinausgeht, bieten sich die verwendeten Literaturquellen für die weitere Informationsbeschaffung an.

---

[1] Gesetz über die Rahmenbedingungen für elektronische Signaturen (Signaturgesetz – SigG) von 2001

2 Kategorien der elektronischen Signatur

Wie bereits in der Einleitung benannt, wird für die digitale Signatur im Rechtsbereich der synonyme Begriff „elektronische Signatur" benutzt. Es werden im deutschen Signaturgesetz verschiedene Kategorien definiert, die sich in erster Linie im Sicherheitsniveau unterscheiden:

2.1 Einfache elektronische Signatur

Einfache Signaturen sind laut Signaturgesetz „Daten in elektronischer Form, die anderen elektronischen Daten beigefügt oder logisch mit ihnen verknüpft sind und die zur Authentifizierung dienen" (Bundesministerium der Justiz und für Verbraucherschutz 2001, § 2 (1)). Eingescannte und als Bild unter ein Dokument gesetzte Unterschriften oder auch die bloße Absenderangabe können beispielhaft als einfache Signaturen genannt werden (Gruhn, et al. 2007, S. 7). An die einfache elektronische Signatur werden keine besonderen Anforderungen gestellt, sie sind gemäß § 127 BGB[2] geeignet für formfreie Vereinbarungen. Im Ernstfall muss ein Gericht einzelfallabhängig die Beweiswürdigkeit der einfachen Signatur beurteilen (Gruhn, et al. 2007, S. 18).

2.2 Fortgeschrittene elektronische Signatur

Durch einige Erweiterungen wird die einfache zur *fortgeschrittenen Signatur*. Diese bestehen darin, dass die Signatur ausschließlich dem Unterzeichner zugeordnet ist, die Identifizierung des Unterzeichners ermöglicht und dass die Mittel zur Erstellung der Signatur in dessen alleiniger Kontrolle zu halten sind. Außerdem muss sie so mit den Daten, auf die sie sich bezieht, verknüpft sein, dass eine nachträgliche Veränderung der Daten erkannt werden kann (Bundesministerium der Justiz und für Verbraucherschutz 2001, § 2 (2)). Bezüglich der weiteren Ausgestaltung hat der Gesetzgeber keine Vorschriften erlassen. Diese Kategorie ist ebenfalls für alle formfreien Rechtsgeschäfte anwendbar (Gruhn, et al. 2007, S. 8). Es gilt im Rechtsstreit für die fortgeschrittene das selbige wie für die einfache elektronische Signatur (Gruhn, et al. 2007, S. 18).

2.3 Qualifizierte elektronische Signatur

Die *qualifizierte Signatur* ist der eigenhändigen Unterschrift rechtlich gleichgestellt (Bundesministerium der Justiz und für Verbraucherschutz 2001, § 6 (2)). Im Vergleich mit den beiden bereits genannten Kategorien, hat sie eine deutlich höhere Beweiskraft. Sie übertrifft darin sogar die eigenhändige Unterschrift. Denn während die herkömmliche

---

[2] Bürgergesetzbuch

Unterschrift angefochten werden kann, solange die Echtheit nicht nachgewiesen ist, ist die Beweislast bei der qualifizierten elektronischen Signatur umgekehrt. Sie gilt als authentisch, sofern nicht das Gegenteil gezeigt werden kann (Gruhn, et al. 2007, S. 9). Die qualifizierte elektronische Signatur muss die Anforderungen der einfachen und der fortgeschrittenen Signatur erfüllen, zudem auf einem zum Zeitpunkt ihrer Erstellung gültigen Zertifikat beruhen und mit einer sicheren Signaturerstellungseinheit erzeugt werden (Bundesministerium der Justiz und für Verbraucherschutz 2001, § 2 (3)). Die kryptografischen Verfahren zur Umsetzung dieser Vorgaben werden in den nächsten Kapiteln beschrieben.

3 Die kryptographischen Grundziele

Die Kryptographie bezeichnet ursprünglich die Lehre von der Datenverschlüsselung. Mittlerweile bieten die modernen kryptographischen Techniken jedoch mehr als nur diese Funktion. Das Schutzbedürfnis der Internetteilnehmer steigt mit den wachsenden Möglichkeiten der elektronischen Kommunikation und entsprechend ihrer gesteigerten Nutzung und Erschließung weiterer Anwendungsbereiche. Die heutige Kryptographie verfolgt im Wesentlichen die vier im folgenden Abschnitt erläuterten Ziele zur sicheren Datenübertragung.

Das Ziel der ursprünglichen Kryptographie ist die *Vertraulichkeit* oder *Geheimhaltung*. Es soll keinem unbefugten Dritten möglich sein, den Inhalt der Nachricht oder einer Datei zu erkennen (Bundesamt für Sicherheit in der Informationstechnik 2009, S. 2292). Um dies zu erreichen, muss die Nachricht so verändert werden, dass sie für einen Außenstehenden unverständlich ist. Dafür werden verschiedene Verschlüsselungsverfahren (Vgl. Kapitel 4) eingesetzt.

Die moderne Kryptographie verfolgt zudem die Ziele der *Integrität*, *Authentizität* und *Verbindlichkeit*. Unbefugte Manipulationen der Nachricht oder Datei in Form von Einfügen, Weglassen oder Ersetzen zu verhindern bzw. diese erkenntlich zu machen, ist das Ziel der *Integrität* (Bundesamt für Sicherheit in der Informationstechnik 2009, S. 2292). Die *Authentizität* beschreibt das sichere Feststellen des Urhebers bzw. Absenders der Daten durch den Empfänger, während bei einer Identifikation der Sender dem Empfänger nur sagt, wer er ist und keinen sicheren Anhaltspunkt dazu liefert. Unter dem vierten Schutzziel, der *Verbindlichkeit*, versteht man die Beweisbarkeit der Urheberschaft, also die mögliche Feststellung des Absenders durch einen Dritten.

Um Integrität einer Nachricht zu erreichen, kann bis zu einem gewissen Grad ebenfalls die Verschlüsselung eingesetzt werden. Ohne den Schlüssel ist eine zielgerichtete Veränderung der Nachricht nicht möglich, da zum einen eine veränderte verschlüsselte Nachricht i.A. nicht fehlerfrei zu entschlüsseln ist oder eine Entschlüsselung eine unverständliche

Nachricht ergäbe. Eine weitere Möglichkeit ist der Einsatz von so genannten Hash-Funktionen (Vgl. Kapitel 5), die bei der digitalen Signatur eingesetzt werden. Die Authentizität und Verbindlichkeit kann mit digitalen Signaturen (Vgl. Kapitel 6) und Zertifikaten (Vgl. Kapitel 7) erreicht werden.

4   Verschlüsselungsverfahren

Um das Ziel der Vertraulichkeit zu erreichen, können symmetrische, asymmetrische und hybride Verschlüsselungsverfahren eingesetzt werden. Besonderes Augenmerk liegt hier auf dem asymmetrischen Verfahren, da diese die Grundlage für die digitale Signatur bildet. Das hybride Verfahren findet Anwendung im Fallbeispiel und wird deshalb kurz erläutert.

In den Verfahren werden sogenannte Schlüssel benutzt, also eine Geheiminformation der Teilnehmer, mit denen sie in Kombination mit einer Verschlüsselungsfunktion, die öffentlich bekannt ist, einen Klartext in Geheimtext und wieder zurück verwandeln können (Beutelspacher, Schwenk und Wolfenstetter 2006, S. 1). Es darf nicht möglich sein, vom Geheimtext auf den Klartext zu schließen. Die Sicherheit der Verfahren hängt von der Geheimhaltung und der Länge des Schlüssels, sowie dem Verschlüsselungsalgorithmus ab. (Gruhn, et al. 2007, S. 27)

4.1   Symmetrische Verschlüsselung

Zwei Teilnehmer, Alice und Bob[3], wollen miteinander kommunizieren. Damit kein Dritter ihre Nachricht verstehen kann, verschlüsselt Alice sie mit einem geheimen Schlüssel. Um diese Nachricht lesen zu können, muss Bob die Nachricht entschlüsseln. Dafür benutzt Bob den gleichen Schlüssel wie Alice.

Es wird also der gleiche Algorithmus in umgekehrter Reihenfolge der einzelnen Schritte angewandt, d.h. der Vorgang dieser Verschlüsselungstechnik ist *symmetrisch*. (Bertsch 2002, S. 8) Ein symmetrischer Verschlüsselungsalgorithmus besteht aus einer Funktion f mit zwei Eingabewerten, dem Schlüssel k und dem Klartext m, und einer Ausgabe, dem Geheimtext c, der sich aus k und m ergibt. Die Funktion f muss umkehrbar sein, damit Bob mit dem gleichen Algorithmus und Schlüssel den Geheimtext c in die Originalnachricht m umwandeln kann. (Beutelspacher, Schwenk und Wolfenstetter 2006, S. 5)

Alice ist die Urheberschaft dabei nicht nachzuweisen, da jeder Empfänger ihrer Nachrichten den gleichen Schlüssel besitzt und eine damit verschlüsselte Nachricht versenden könnte. Der tatsächliche Sender kann also seine Urheberschaft leugnen, andere können sie für sich beanspruchen (Gruhn, et al. 2007, S. 29). Es werden bei diesem

---

[3] „Alice" und „Bob" sind die typischerweise benutzen Synonyme für Sender und Empfänger u.a. im Bereich der Kryptographie

Verfahren viele Schlüssel gebraucht, denn bereits bei einer Anzahl von sechs Teilnehmern, gibt es 15 mögliche Kommunikationspfade und es werden somit 15 symmetrische Schlüssel benötigt ($\binom{n}{2}$ Schlüssel für n Teilnehmer) (Gruhn, et al. 2007, S. 29). Der Schlüssel muss von den beiden zuvor vereinbart bzw. ausgetauscht werden und er muss von beiden geheim gehalten werden. Der sichere Austausch des Schlüssels findet im besten Fall in Form einer persönlichen Übergabe statt. Da diese sich in den meisten Fällen als schwierig oder gar unmöglich erweist, musste eine andere Lösung gefunden werden. Diese Problemstellung führte zum asymmetrischen Verfahren (Gruhn, et al. 2007, S. 29).

4.2 Asymmetrische Verschlüsselung

Bei der asymmetrischen Verschlüsselung, auch *Public-Key-Verfahren* genannt, kommen zwei unterschiedliche Schlüssel zum Einsatz, ein privater (*Secret Key*) und ein öffentlicher Schlüssel (*Public Key*). Jeder Kommunikationsteilnehmer in solch einem System besitzt ein Schlüsselpaar. Er muss seinen privaten Schlüssel geheim halten, während er den anderen Schlüssel öffentlich zugänglich macht. Ein vorheriger sicherer Austausch eines Schlüssels entfällt somit. Das asymmetrische Schlüsselpaar besitzt die Eigenschaft, dass bei Kenntnis über einen der beiden Schlüssel nicht trivial auf den anderen geschlossen werden kann (Bertsch 2002, S. 9). Alice bekommt den öffentlichen Schlüssel von Bob und versendet ihre damit verschlüsselte Nachricht an ihn. Nur Bob kann diese Nachricht mit seinem privaten Schlüssel wieder entschlüsseln und somit ist das Ziel der Vertraulichkeit erfüllt. Bei diesem werden im Vergleich zum symmetrischen Verfahren weniger Schlüssel gebraucht, nämlich ein Schlüsselpaar pro Kommunikationsendpunkt. Im bereits erwähnten Beispiel von sechs Teilnehmern sechs Schlüsselpaare oder anders gesagt zwölf Schlüssel.

Alice kann sich mit diesen Verfahren nicht authentifizieren, da jeder Teilnehmer den öffentlichen Schlüssel von Bob abrufen und benutzen kann. Es ist außerdem nicht gewiss, ob der öffentliche Schlüssel wirklich von Bob ist. Wird ein falscher bzw. unpassender Schlüssel benutzt, kann Bob die Nachricht nicht entschlüsseln, dafür jedoch ein möglicher Angreifer, der Alice einen falschen Schlüssel untergeschoben hat

4.3 Hybride Verfahren

Das symmetrische Verschlüsselungsverfahren bietet die wesentlichen Vorteile eines hohen Datendurchsatzes und einer hohen Sicherheit bei relativ kurzem Schlüssel, bringt aber auch die Nachteile der hohen Anzahl sowie der problematischen Weitergabe der Schlüssel. Das asymmetrische Verfahren löst genau diese Nachteile auf, benötigt aber wiederum längere Schlüssel. Das führt zu einem geringen Datendurchsatz und das Verfahren ist deshalb langsam. (Bundesamt für Sicherheit in der Informationstechnik 2009, S. 2296 f)

Um die Vorteile beider Verfahren nutzen zu können, werden hybride Verfahren angewandt. Dabei wird die asymmetrische Verschlüsselung benutzt, um einen symmetrischen Sitzungsschlüssel ("Sessionkey", der nur für die eine Übertragung verwendet und danach vernichtet wird) zu übermitteln. Mit dem wird die eigentliche Nachricht verschlüsselt. Alice erstellt einen Sitzungsschlüssel, diesen verschlüsselt sie mit dem öffentlichen Schlüssel von Bob. Sie verschickt ihre mit dem symmetrischen Sitzungsschlüssel verschlüsselte Nachricht und den verschlüsselten Sitzungsschlüssel an ihn. Dieser entschlüsselt zunächst den Sitzungsschlüssel mit seinem privaten Schlüssel und kann dann damit die Nachricht von Alice entschlüsseln.

5 Hash-Funktionen

Hash-Funktionen dienen der Umsetzung der Integrität und sind Teil der digitalen Signatur. Eine Hash-Funktion bildet aus der Nachricht, die Alice verschicken möchte, eine Prüfsumme fester Länge ab, den so genannten Hash-Wert.

Dabei gilt die Formel $h = H(M)$ – wobei h die Prüfsumme, H die Hash-Funktion und M die Nachricht bezeichnet. Die Hash-Funktionen sind öffentlich bekannt, da sie zum einen auf allen an einem Datenaustausch beteiligten Systemen verfügbar sein müssen und so durch praktisch unzählige Experten geprüft werden können. (Pohlmann und Hesse 2007, S. 219)

Die Hash-Funktionen sind so genannte Einwegfunktionen. Es gilt $M \neq H(h)$. Sie sind einfach auszuführen, aber es ist schwer und praktisch unmöglich, sie umzukehren. Stellen Sie sich ein klassisches Papier-Telefonbuch einer größeren Stadt vor. Die Telefonnummer zu einem Namen zu finden, ist sehr einfach, zu einer Telefonnummer den Namen zu finden jedoch sehr aufwendig und zeitintensiv. (Beutelspacher, Schwenk und Wolfenstetter 2006, S. 10 f)

Dieses Beispiel zeigt auch die Eigenschaft der Kollisionsfreiheit auf, da in einem Telefonbuch keine Telefonnummer mehr als einmal vorkommt. Eine Kollision tritt auf, wenn zwei unterschiedliche Nachrichten bei Anwendung der gleichen Funktion das gleiche Ergebnis liefern, also wenn gilt: $H(M) = H(M')$. Da es so möglich wäre, dass ein Angreifer eine Nachricht manipuliert, ohne dass sich die Prüfsumme verändert, werden für Hash-Funktionen kollisionsfreie Einwegfunktionen benutzt(Pohlmann und Hesse 2007, S. 219). Kollisionsfreiheit bedeutet an dieser Stelle, dass es praktisch unmöglich ist, für zwei verschiedene Eingabewerte den gleichen Ausgabewert zu erhalten (Beutelspacher, Schwenk und Wolfenstetter 2006, S. 11). Der Hash-Wert sollte zwar möglichst kurz, aber muss gleichzeitige eine Länge haben, die es nicht leicht macht, Kollisionen zu finden. Das Bundesamt für Sicherheit in der Informationstechnik empfiehlt für aktuelle Hash-

Funktionen eine Länge von 224 Bits, für den Eisatzzeitraum nach 2015 sogar 256 Bits (Bundesministerium für Sicherheit in der Informationstechnik 2014, S. 15).

Wird nun eine Hash-Funktion auf die Nachricht von Alice angewandt, so erhält man den Hash-Wert der Nachricht. Alice verschickt ihre Nachricht ggf. verschlüsselt an Bob und teilt ihm z.b. per Telefon den Hash-Wert mit. Er entschlüsselt die Nachricht und wendet die gleiche Hash-Funktion, die Alice benutzt hat, auf die Nachricht an. Ist die Nachricht auf dem Weg zu ihm nicht manipuliert worden, dann sind beide Hash-Werte gleich. Wurde die Nachricht von einem Dritten verfälscht, stimmen die Hash-Werte nicht überein und Bob müsste weitere Schritte einleiten, wie z.b. Alice informieren und zum erneuten Versand auffordern.

6   Signaturen

Es wurden in den vorherigen Kapiteln nun die wichtigsten Grundlagen zur digitalen Signatur erklärt. Sie basieren, wie bereits erwähnt, auf dem asymmetrischen Verschlüsselungsverfahren und verwenden Hash-Funktionen.

Der Einsatz der Hash-Funktionen liegt im Folgenden begründet: Eine komplett mit privatem Schlüssel verschlüsselte Nachricht als Signatur zu verwenden, würde zu einer hohen Rechenleistung bei der Entschlüsselung und zu hohem Speicherbedarf führen, da die Signatur mindestens so umfangreich wäre, wie das eigentliche Dokument. Wird nur das verschlüsselte Dokument verschickt oder gespeichert, wäre dieses bei Verlust des öffentlichen Schlüssels nicht mehr lesbar. (Gruhn, et al. 2007, S. 29)

Der Ablauf einer Signatur gestaltet sich folgender Maßen: Alice verfasst eine Nachricht. Aus dieser Nachricht wird mit Hilfe einer Hash-Funktion die Prüfsumme errechnet, die dann von Alice mit ihrem privaten Schlüssel verschlüsselt wird. Dieser verschlüsselte Hash-Wert wird als *digitale Signatur* bezeichnet. Alice schickt nun ihre Nachricht und die digitale Signatur an Bob. Im Unterschied zum papiergebundenen Prozess, kann die Nachricht und die Signatur unabhängig voneinander verschickt und gespeichert werden, da die Signatur durch den enthaltenen Hash-Wert nahezu zweifelsfrei dem jeweiligen Dokument zuzuordnen ist. Bob empfängt die Nachricht und die Signatur von Alice. Er entschlüsselt die Signatur mit ihrem öffentlichen Schlüssel und erhält dadurch den von ihr berechneten Hash-Wert. Bob wiederholt diese Berechnung, indem er die gleiche Funktion auf die Nachricht von Alice anwendet und anschließend beide Werte miteinander vergleicht. Stimmen beide überein, kann Bob davon ausgehen, dass die Nachricht nicht manipuliert und sie von der mit dem öffentlichen Schlüssel assoziierten Person signiert wurde. (Gruhn, et al. 2007, S. 33-35)

Dieses Modell kann als fortgeschrittene Signatur (Vgl. 2.2) im Sinne des Signaturgesetztes verstanden werden (Gruhn, et al. 2007, S. 33). Es besteht die Gefahr, dass „eine digitale

Signatur mit einem öffentlichen Schlüssel geprüft wird, der entweder nicht, wie vom Prüfer angenommen, der Person zugeordnet ist oder zwar die Zuordnung sicher ist, aber die Angaben zur Person falsch sind" (Bertsch 2002, S. 18). Dieses Problem kann mit Hilfe der Zertifikate behoben werden.

7 Zertifikate

Die Verfahren zur Generierung von Schlüsseln sind allgemein bekannt. Deshalb wäre es grundsätzlich möglich, dass sich ein Betrüger ein Schlüsselpaar erstellt, den öffentlichen Schlüssel in Umlauf bringt und sich dabei eine falsche Identität verschafft. Oder jemand in böser Absicht einen öffentlichen Schlüssel einer falschen Person zuordnet oder dem Empfänger einer Nachricht unterschiebt bzw. den Echten austauscht. Um diese Fälle auszuschließen, werden Zertifikate verwendet.

Das Zertifikat ist ein elektronisches Dokument, welches mindestens den öffentlichen Schlüssel einer Person, die Nutzerkennung, die Kennung der Zertifizierungsinstanz und die Gültigkeitsdauer enthält (Pohlmann und Hesse 2007, S. 220). Weitere mögliche Angaben sind der Name und die E-Mail-Adresse des Nutzers. Das Zertifikat fungiert sozusagen als Personalausweis im Signaturverfahren. Ausgestellt werden die Zertifikate von einer vertrauenswürdigen Instanz, wie zum Beispiel einer Behörde oder spezialisierten Anbietern, die zunächst die Angaben des zukünftigen Schlüsselinhabers, z.b. durch Vorlage des Personalausweises, prüft. Außerdem wird das Zertifikat selbst von der Zertifizierungsinstanz signiert. So kann der Empfänger, der ein Zertifikat erhält, durch entschlüsseln der Signatur sicher gehen, dass es von der angegebenen Organisation stammt (Gruhn, et al. 2007, S. 36).

Alice verfasst ihre Nachricht, erstellt deren Hash-Wert und verschlüsselt ihn mit ihrem privaten Schlüssel. Sie schickt die Nachricht mit der Signatur und ihrem Zertifikat an Bob. Er sieht sich zunächst das Zertifikat an und entnimmt diesem den öffentlichen Schlüssel. Damit entschlüsselt er die Signatur von Alice und erhält so den Hash-Wert. Er ermittelt selbst den Hash-Wert der Nachricht und vergleicht sie miteinander, was zu bereits genannten Ergebnissen führt.

Um das Zertifikat zu überprüfen, muss Bob sich den öffentlichen Schlüssel der Zertifizierungsinstanz besorgen und kann damit die Signatur entschlüsseln. Er erhält dadurch einen Hash-Wert des Zertifikats und muss diesen wiederum mit dem selbst ermittelten Hash-Wert vergleichen. Stimmen sie überein, dann wurde das Zertifikat von der angegebenen Instanz ausgestellt und die Echtheit des öffentlichen Schlüssels ist bewiesen, sofern alle Nutzer des Sicherheitssystems dieser Zertifizierungsinstanz vertrauen (Pohlmann und Hesse 2007, S. 220 f). Für diese Instanzen gelten deshalb bestimmte Sicherheitsvorkehrungen, wie zum Beispiel „vertrauenswürdiges Personal, zertifizierte

Sicherheitskomponenten und eine vertrauenswürdige Systemumgebung" (Pohlmann und Hesse 2007, S. 221), die gesetzlich geregelt sind.

Die digitale Signatur mit Einsatz von Zertifikaten entspricht der qualifizierten Signatur (Vgl. Kapitel 2.3), sofern die weiteren gesetzlichen Vorgaben über die Art der Algorithmen für die Hashwertbildung und Signaturerstellung, sowie über die sichere Signaturerstellungseinheit eingehalten sind (Gruhn, et al. 2007, S. 38-40).

Sichere Signaturerstellungseinheiten sind laut Signaturgesetz Software- oder Hardwareeinheiten zur Speicherung und Anwendung des jeweiligen Signaturschlüssels, die gewährleiten, dass sie „Fälschungen von Signaturen oder Fälschungen signierter Daten zuverlässig erkennbar machen und gegen unberechtigte Nutzung der Signaturschlüssel schützen". Außerdem muss sichergestellt sein, dass die Signaturschlüssel nur einmal auftreten können, ihre Geheimhaltung ausreichend gewährleistet und die Speicherung außerhalb der Signaturerstellungseinheit unmöglich ist. (Bundesministerium der Justiz und für Verbraucherschutz 2001, §§ 2,17)

8 Fallbeispiel

In der Einleitung wurde bereits das Beispiel der elektronischen Steuererklärung angeführt. Wie die digitale Signatur in der Praxis zum Einsatz kommt, soll anhand dieses Beispiels veranschaulicht werden.

Der Steuerzahler Max Mustermann will seine Steuererklärung für das letzte Jahr abgeben. Er hat sich dafür eine Steuersoftware gekauft, die ihn dabei unterstützt. Dort hat er bereits alle seine Daten eingegeben. Seine Software bietet über eine Elster-Schnittstelle nun die Möglichkeit der Online-Übertragung an sein zuständiges Finanzamt. Dafür muss er sich im ELSTEROnline-Portal unter der Adresse „www.elsteronline.de" anmelden und sich zunächst entscheiden, ob er sich zukünftig mit einem kostenlosen Software-Zertifikat, einem Signatur-Stick oder einer Signaturkarte authentifizieren möchte. Zwischen diesen Möglichkeiten gibt es Sicherheits- und Preisunterschiede. In diesem Beispiel hat sich Max Mustermann für das kostenlose Software-Zertifikat entschieden. Er meldet sich mit seinem Namen, Geburtsdatum, Email-Adresse und seiner Identifikations- oder Steuernummer an und erhält per Email einen Link zur Registrierungsbestätigung um sicher zu stellen, dass die E-Mail-Adresse korrekt ist. Er bekommt dann eine Aktivierungs-ID per Mail und einen Aktivierungscode per Post an die Anschrift, die das Finanzamt zur angegebenen Nummer gespeichert hat. Erst wenn ihm beide vorliegen, kann er den nächsten Schritt der Anmeldung ausführen. Er gibt dort beide Aktivierungscodes ein und bekommt die Bestätigung, dass er „durch die Eingabe [der] Registrierungsdaten im ElsterOnline-Portal aufgenommen und zweifelsfrei von der Finanzverwaltung identifiziert [wurde]" (Bayerisches Landesamt für Steuern, ElsterOnline Hilfe/ FAQ Registrierung). Es wird dann ein Software-Zertifikat automatisch auf seinem Computer erzeugt und mit einer von ihm gewählten PIN[4] verknüpft. Die Datei wird in einem von ihm ausgewählten Pfad gesichert. In diesem Beispiel speichert er sie auf einem USB-Stick, so kann er ihn sicher verwahren und vor fremden Zugriff schützen.

Diese Datei enthält zwei asymmetrische Schlüsselpaare und jeweils ein dazu gehöriges Zertifikat. Eines für die Authentifizierung und eines für die Verschlüsselung. Hierbei geht es jedoch nicht um die Verschlüsselung der ausgehenden Nachrichten von Max, denn diese werden, wie weiter unten beschrieben, mit dem öffentlichen Schlüssel der Finanzbehörde verschlüsselt. Max braucht den zweiten geheimen Schlüssel stattdessen zur Entschlüsselung. Die bei der Nutzung der personalisierten Dienste des ElsterOnline-Portals generierten Rückmeldungen (zum Beispiel Abfrageergebnisse und Übermittlungsbestätigungen) werden mit dem öffentlichen Schlüssel, bzw. dem Zertifikat, welches dem ElsterOnline-Portal bekannt ist, verschlüsselt und in seinem persönlichen ElsterOnline-Postfach bereitgestellt. Max benutzt dann den privaten Schlüssel aus seiner Datei um seine empfangenen Nachrichten zu entschlüsseln (Bayerisches Landesamt für Steuern, Hilfe/ FAQ).

Der Zugriff auf die privaten Schlüssel wird durch die PIN geschützt. Die beiden Zertifikate müssen als nächstes beglaubigt werden. „Die Beglaubigung erfolgt, indem das ElsterOnline-Trustcenter die öffentlichen Schlüssel zertifiziert. Bei der Zertifizierung handelt es sich um einen Hochsicherheitsprozess, der einige Minuten in Anspruch nehmen kann" (Bayerisches Landesamt für Steuern, Hilfe/ FAQ Registrierung). Das Zertifikat hat dann eine Gültigkeitsdauer von 3 Jahren (Bayerisches Landesamt für Steuern, Hilfe/ FAQ). Im letzten Schritt muss Max seine noch fehlenden persönlichen Daten ergänzen. Er kann sich nun mit Angabe des Speicherortes des Software-Zertifikates und seiner PIN im ElsterOnline-Portal anmelden und direkt in dem Web-Browser verschiedene Steuererklärungen ausfüllen und absenden. Die in seinem Steuerprogramm eingegebene Erklärung kann über die implementierte Schnittstelle weitergegeben werden. Auch dort muss er den Pfad des Software-Zertifikats und seine PIN eingeben. Seine Daten werden von der integrierten ELSTER-Programmbibliothek geprüft, komprimiert und verschlüsselt (Rauscher 2006, S. 47). Hierzu wird eine hybride Verschlüsselungstechnik verwendet (Vgl. Kapitel 4.3). Außerdem wird mit Hilfe des privaten Signaturschlüssels von Max eine digitale Signatur (Vgl. Kapitel 6) seiner Nachricht erstellt.

Die verschlüsselte Nachricht wird mit der Signatur und dem Zertifikat dann über das öffentliche Internet an eine der zwei Clearingstellen der Finanzverwaltung gesendet und dort entschlüsselt, da ab dort kein Datentransfer mehr über das Internet erfolgt. Außerdem wird an dieser Stelle die Signatur von Max überprüft. Bei positivem Ergebnis ist nun sichergestellt, dass die Daten von Max unverändert in der Clearingstelle angekommen sind und er der Absender und Unterzeichner der Daten ist. Wenige Minuten später, nach einer

---

[4] Persönliche Identifikationsnummer

Vorprüfung der Daten, werden sie unverschlüsselt an das zuständige Steuerrechenzentrum weitergeleitet, in das jeweilige Datenformat konvertiert und in die Datenbanken eingespeist. Am Ende kann der Finanzbeamte dort auf die Steuererklärung von Max Mustermann zugreifen. (Rauscher 2006, S. 47 f)

9 Zusammenfassung und Fazit

Ich habe heute meine Steuererklärung gemacht. Meine Steuersoftware hat mir dazu auch noch an den passenden Stellen Tipps und Hilfestellung gegeben. Dann habe ich alles mit Hilfe meines Software-Zertifikats unterschrieben und an mein zuständiges Finanzamt geschickt. Die digitale Signatur ersetzt dabei meine Unterschrift. Mit ihr bestätige ich, dass meine Angaben alle korrekt und vollständig sind und ich die Erklärung selbst verfasst habe. Die hybride Verschlüsselung und die Signatur sorgen außerdem dafür, dass niemand meine Steuererklärung auf dem Weg dort hin lesen oder abändern konnte. Es ist alles auf informationstechnische Weise - oder besser gesagt kryptographisch - umgesetzt.

Das Signaturgesetz hat die Vorgaben festgelegt, die die digitale Signatur erfüllen muss, um die eigenhändige Unterschrift zu ersetzen. Sie muss der Authentifizierung dienen, mit den zu signierenden Daten so verknüpft sein, dass eine nachträgliche Änderung erkennbar wäre und die Mittel zu Ihrer Erstellung dürfen nur dem Signierenden zur Verfügung stehen. Außerdem muss sie auf einem gültigen Zertifikat beruhen und mit einer sicheren Signaturerstellungseinheit erzeugt werden (Vgl. Kapitel 2.3).

In der Praxis bedeutet das, dass mit Hilfe geeigneter Software ein Hash-Wert (Vgl. Kapitel 5) von der jeweiligen zu signierenden Datei erstellt wird. Im asymmetrischen Verfahren (Vgl. Kapitel 4.2) wird dieser dann mit dem privaten Schlüssels des Senders verschlüsselt und ergibt die Signatur (Vgl. Kapitel 6). Der öffentliche Schlüssel und der Name des Senders, sowie weitere Angaben, stehen auf dem Zertifikat (Vgl. Kapitel 7). Dieses ist von einer vertrauenswürdigen Instanz beglaubigt und sozusagen der elektronische Personalausweis. Der Sender schickt die ggf. verschlüsselte Nachricht mit der Signatur und dem Zertifikat an den Empfänger. Dieser, bzw. seine Software, prüft die Signatur, indem er die Echtheit des Zertifikats feststellt, welches die Signatur der Zertifizierungsinstanz trägt und mit dem öffentlichen Schlüssel die Signatur des Senders entschlüsselt. Dadurch erhält er den Hash-Wert der Nachricht und vergleicht diesen mit dem, den er selbst aus der erhaltenen Nachricht errechnet. Stimmen sie überein, kann er sicher sein, dass das Dokument unverändert bei ihm angekommen ist und von dem im Zertifikat angegeben Empfänger signiert wurde.

Die digitale Signatur als Äquivalent zur eigenhändigen Unterschrift ist, in der Ausprägung wie das Gesetz sie vorschreibt, viel mehr als diese. Sie liefert nämlich den digitalen Personalausweis mit und lässt keine nachträglichen unentdeckten Veränderungen des Dokumentes zu. Von meinem Lieblingsstar möchte ich doch aber immer noch lieber ein eigenhändiges Autogramm.

Literaturverzeichnis

Bayerisches Landesamt für Steuern. *ElsterOnline Hilfe/ FAQ.* kein Datum. https://www.elsteronline.de/hilfe/eop/public/help.html (Zugriff am 28. 06 2014).

Bertsch, Andreas. *Digitale Signaturen.* Berlin, Heidelberg, New York: Springer Verlag, 2002.

Beutelspacher, Albrecht, Jörg Schwenk, und Klaus-Dieter Wolfenstetter. *Moderne Verfahren der Kryptographie.* Wiesbaden: Friedr. Vieweg & Sohn Verlag, 2006.

Bundesamt für Sicherheit in der Informationstechnik. „IT-Grundschutzkataloge." *11. Ergänzungslieferung.* 11 2009. https://www.bsi.bund.de/SharedDocs/Downloads/DE/BSI/Grundschutz/Dow nload/it-grundschutz-kataloge_2009_EL11_de.pdf?__blob=publicationFile (Zugriff am 20. 06 2014).

Bundesministerium der Justiz und für Verbraucherschutz. „Gesetz über die Rahmenbedingungen für elektronische Sigaturen (Signaturgesetz)." 16. 05 2001. http://www.gesetze-im-internet.de/bundesrecht/sigg_2001/gesamt.pdf (Zugriff am 26. 06 2014).

Bundesministerium für Sicherheit in der Informationstechnik. *BSI - Technische Richtlinie Kryptographische Verfahren: Empfehlungen und Schlüssellängen.* 10. 02 2014. https://www.bsi.bund.de/SharedDocs/Downloads/DE/BSI/Publikationen/Tech nischeRichtlinien/TR02102/BSI-TR-02102_pdf.pdf?__blob=publicationFile (Zugriff am 20. 06 2014).

Gruhn, Volker, Vincent Wolff-Marting, André Köhler, Christian Haase, und Torsten Kresse. *Elektronische Signaturen in modernen Geschäftsprozessen.* Wiesbaden: Friedr. Vieweg & Sohn Verlag, 2007.

Pohlmann, Prof. Dr. Norbert, und Malte Hesse. „Kryptographie: Von der Geheimwissenschaft zur alltäglichen Nutzanwendung (V) - Prüfsummen, Zertifikate und sie sichere elektronische Signatur." *IT-Sicherheit und Datenschutz,* 05 2007: 218-221.

Rauscher, Björn. *Analyse der Funktionen von Elster (Elektronische Steuererklärung) und deren Infrastrukturunter besonderer Berücksichtigung der Datensicherheit aller Beteiligten.* Norderstedt: GRIN Verlag GmbH, 2006.